Lh 5.
110.

PASSAGE DU RHIN,

A

KEHL,

DANS LA NUIT DU 5 AU 6 MESSIDOR AN IV,

JOSEPH ELIE DESIRE PERUQUET DE MONTRICHARD, Bon DE BÉVY, NÉ A THOIRETTE EN BRESSE LE 24 JANv 1760.

Lieut. Gal des Armées du Roi, Commandeur
de l'Ordre Royal de la Légion d'honneur, Chevalier
de l'Ordre Royal et Militaire de St Louis, de l'Académie
de Besançon, de l'Athénée de Paris, de la Société
des Sciences, Agriculture et Arts, du Département
du Bas-Rhin, et de la Société d'Émulation
du Département de l'Ain.

Lith. de M. F. Bochm.

PRÉCIS

HISTORIQUE

DU

PASSAGE DU RHIN, A KEHL,

DANS LA NUIT DU 5 AU 6 MESSIDOR AN IV DE LA RÉPUBLIQUE, PAR L'ARMÉE DE RHIN-MOSELLE, SOUS MOREAU; RÉGNIER ÉTANT CHEF DE L'ÉTAT-MAJOR.

––––––

PAR LE GÉNÉRAL MONTRICHARD.

––––––

A vaincre sans périls,
On triomphe sans gloire.

STRASBOURG,

de l'imprimerie de G. L. SCHULER.

1826.

A mon fils Victor,

SOUS-LIEUTENANT AU 10ᵉ DE LIGNE, DE L'ARMÉE D'OCCUPATION EN ESPAGNE.

Vous m'avez demandé, mon cher Victor, les notices de mes services ; ce petit ouvrage en fait partie.

Je m'occupe des mémoires de mes campagnes dans les différentes années où j'ai servi ; ils seront suivis de notes piquantes, d'anecdotes intéressantes, de souvenirs.....

N'oubliez pas, mon cher Victor, que Vous avez été élevé et entretenu dans les écoles militaires du Roi ; continuez à le bien servir.

Votre bon père,

Signé : *Montrichard*,

BARON DE BÉVY.

PREMIÈRE PARTIE.

———

Le général-en-chef ayant désigné les adjudans-généraux Belleavesne, Abbatucci, Decaen et Montrichard, pour préparer ce passage et l'exécuter, 1) ils vinrent à Strasbourg, sous différens prétextes; ils étaient sous les ordres du général de division Férino. Ils devaient se concerter avec le chef de brigade du génie Bois-Gérard et le chef de bataillon Dedon, commandant les pontonniers; ces adjudans-généraux allaient sur la première plate-forme du clocher de la cathédrale de Strasbourg, pour observer les mouvemens de l'ennemi.

---

1) Le passage de Belleavesne devait se faire à la hauteur de Gambsheim, sous les ordres du général Beaupuis.

Les troupes en cantonnement dans le Haut-Rhin, avaient ordre de se porter dans le Bas-Rhin ; celles cantonnées dans le Bas-Rhin, d'aller en Italie. L'adjudant-général Montrichard eut ordre d'arrêter ces troupes en arrière de Strasbourg, en attendant le moment du passage.

SECONDE PARTIE.

———

LE général-en-chef Moreau était devant Mannheim aux prises avec l'ennemi; quand il eut appris par un officier que tout était prêt pour le passage, il remit le commandement à un de ses lieutenans, monte sur un cheval de poste et vient à francs-étriers à Strasbourg, où il logea à la Ville de Lyon.

La fausse attaque sur Miessenheim fut confiée au capitaine Savarry, aide-de-camp du général Férino, et au chef de bataillon du génie Chevallot.

Le commandement de celle de Béclair fut donné au capitaine Dehaynin, adjoint de l'adjudant-général Montrichard, et au citoyen Jourdain, officier du génie.

Le général Férino, qui avait ordre de faire

des démonstrations dans le Haut-Rhin, écrivit au général Delaborde et au général Tunc, l'un commandant la première division, l'autre la seconde division de l'aile droite, de faire quelques tentatives de passage. Les principales eurent lieu vers Huningue, le Neuf-Brisack, Schönau et Rhinau. Pendant toute la nuit il y avait une forte canonade de nos batteries du Haut-Rhin.

Chaque adjudant-général avait dans sa barque deux cents hommes bien armés; le commandant du génie Bois-Gérard était sur la barque montée par l'adjudant-général Montrichard, elle occupait la droite du passage; vinrent après celle de Decaen et celle d'Abbatucci, qui devait prendre le commandement des troupes débarquées.

Les troupes de débarquement s'assemblèrent le cinq à la nuit tombante, près le bras mobile.

Le général Férino s'établit alors à la maison près de l'ancien péage du pont de Kehl.

Les troupes prirent de l'eau-de-vie et du biscuit pour trois jours.

On forma une réserve dont le commandement fut donné au général Tholmé.

A la petite pointe du jour les troupes entrèrent dans les bâteaux.

La barque d'Abbatucci quitta la première
la rive gauche; celle conduite par Decaen
suivit; la troisième, commandée par Montrichard, vint après. Toutes trois traversèrent le
fleuve dans le plus grand silence, et abor-
dèrent au point qui leur avait été désigné
sur la rive droite. Elles essuyèrent le feu des
postes ennemis et la décharge à mitraille de
quelques pièces.

Les troupes descendirent si rapidement,
qu'elles eûrent bientôt enlevé à la bayonnette
les batteries et les retranchements ennemis.

Elles s'emparèrent de toutes les îles qui
bordent cette rive, et passèrent sur les ponts
que l'ennemi n'avait pas eu le tems de rompre;
elles parvinrent facilement jusqu'à la digue
qui sépare toutes ces îles de la campagne.

Pendant ce tems-là, les bâteaux qui avaient
fait le premier transport, avaient repassé le
Rhin et ramené du renfort.

Abbatucci fit alors attaquer les retranchements de Kehl et les redoutes de la plaine. Il tourna contre elles l'artillerie que l'on venait de prendre. (Il ordonna la démolition des ouvrages ennemis.)

L'adjudant-général Montrichard qui agissait à la droite, avait laissé une réserve à la digue et s'était porté en avant sur Suntheim, dont il s'empara; par ce moyen il se rendit maître des deux routes de Kehl.

Cependant l'attaque des redoutes qui protégeaient Kehl, se continuait avec vigueur; l'ennemi les défendait avec acharnement, mais il fut obligé de céder à la valeur de nos troupes. Elles y entrèrent vers les onze heures. Il ne put alors résister longtems, il fut bientôt chassé du fort, de la ville et du village de Kehl.

Le pont volant était établi, et l'on avait commencé le pont de bâteaux, qui fut achevé le 7, vers les quatre heures après midi. Les troupes passèrent le fleuve, et prirent leur ordre de bataille.

Férino établit son quartier-général à Kehl.

M. Borssat de Montdidier passa sur le pont volant; il amena à l'adjudant-général Montrichard ses chevaux sur le champ de bataille, en arrière de Suntheim.

La perte de l'ennemi, dans cette journée, a été assez considérable en tués et blessés; nous lui avons fait huit cents prisonniers, pris seize bouches-à-feu et deux mille fusils.

Nous n'avons eu qu'un très petit nombre de tués et blessés; nos troupes se sont conduit avec une bravoure dont il n'y a pas d'exemple; celles des 3° et 16° demi-brigades d'infanterie légère et des 31° et 89° de ligne, se sont particulièrement distingué.

Le chef de bataillon Becdelièvre, commandant le 2° bataillon de la 3° d'infanterie légère, qui a été blessé à la prise de la principale redoute devant Kehl, mérite les plus grands éloges.

Les pontonniers et leur chef Dedon, ont montré beaucoup de bravoure; ils ont travaillé à la construction des différents ponts avec un zèle infatiguable.

Moreau rendit compte de ce passage au Directoire, qui nomma les adjudans-généraux Abbatucci, Decaen et Belleavesne, généraux de brigade.

L'adjudant-général Montrichard continua ses fonctions de chef de l'état-major de la division Férino. — Elle se dirigea sur Fribourg.

PIÈCES JUSTIFICATIVES

DONT LES ORIGINAUX SE TROUVENT DANS LE
CABINET DE L'AUTEUR.

Au quartier-général à Neustadt, le 1 Messidor an IV.

Le général de brigade, chef de l'état-major
général,
Au général de division Férino.

L'adjudant-général Belleavesne est arrivé un peu trop tard, pour que j'aie pu expédier les ordres et mettre les troupes en marche assez tôt pour tenter l'expédition dans la nuit du 4 au 5 : nous sommes obligés de la remettre à celle du 5 au 6. Le général-en-chef vous charge de l'attaque de Kehl, avec les adjudans-généraux Montrichard, Abbatucci et Decaen. Vous ferez mettre en marche les trois demi-brigades que vous pourrez tirer des deux divisions du Haut-Rhin, de manière qu'elles soient près du point d'embarquement le jour de l'exécution, et que vous les y fassiez venir. Vous donnerez à chaque demi-brigade des ordres de marche particuliers, en désignant chaque cantonnement et les dirigeant ainsi jusqu'à Worms, où vous direz qu'elles recevront de nouveaux ordres de moi, pour qu'on ne puisse pas imaginer leur destination. Il sera nécessaire de les faire marcher un peu en-arrière du Rhin sur la rive gauche de l'Ill, afin que l'ennemi ne s'apperçoive pas du mouvement; vous en ferez de même pour le 9ᵉ régiment de cavalerie. Il sera nécessaire de faire en sorte que ces troupes aient pour deux jours de vivres, le jour du passage.

Outre ces troupes, vous aurez deux demi-brigades et quatre escadrons de cavalerie légère, qui partent cette nuit des environs de Kayserslautern, passeront par les montagnes et arriveront le 5 au matin à Niederhausbergen, Oberhausbergen, Wolfisheim et Oberschäffelsheim.

Le bataillon de la 3ᵉ demi-brigade d'infanterie légère, commandé par le chef de bataillon Becdelièvre, et un de la 16ᵉ demi-brigade d'infanterie légère, arriveront aussi le cinq au matin, à Suffelweyersheim et Bischheim.

Tous ces corps seront à votre disposition, et je vous enverrai demain des ordres pour qu'ils exécutent ceux que vous leur donnerez; je les ai tous dirigé sur ce point avec des ordres de marche pour aller jusqu'à Béfort et Besançon, où je leur annonce qu'ils recevront de nouveaux ordres pour aller à l'armée d'Italie.

Le général Beaupuis qui doit passer à Gambsheim, aura trois demi-brigades d'infanterie de ligne, la 10ᵉ d'infanterie légère, deux escadrons d'hussards, deux de chasseurs et le 6ᵉ régiment de dragons, de plus une compagnie d'artillerie légère.

La compagnie d'artillerie légère, commandée par le citoyen Foy, arrivera le 5 à Strasbourg, sans pièces, en prendra à l'arsenal et sera à votre disposition.

Demain, nous marchons pour faire replier

les ennemis sur leur tête de pont devant Mannheim et les occuper de ce côté.

Je vous adresserai une instruction, plus, des ordres pour les troupes.

Salut et amitié.

Signé : E. RÉGNIER.

Au général de division Férino.

Je vous adresse, général, une petite instruction sur les dispositions à faire pour le passage,
qui, comme je vous l'ai écrit, devra avoir lieu
dans la nuit du cinq au six; vous voudrez
bien vous y conformer, autant cependant que
cela vous sera possible, eu égard à la nature
du terrain et aux dispositions des ennemis.

Je vous envoie aussi des ordres, pour que
les troupes qui vous sont destinées, soient
à votre disposition dès le cinq au matin; vous
leur enverrez les ordres nécessaires pour leur
marche.

Les troupes envoyées par le général Saint-Cyr, sont aussi à votre disposition, et j'en donne les ordres que vous trouverez ci-joints. Un officier de l'état-major a dû les accompagner jusqu'à Oberhausbergen. Vous voudrez bien lui faire remettre vos ordres de marche pour ces troupes.

Le général-en-chef vous enverra de nouvelles instructions sur nos opérations, en suite du premier passage.

Salut et fraternité,

Le général de brigade, chef de l'état-major,
Signé : E. RÉGNIER.

L'adjudant-général Abbatucci vous enverra les plans relatifs au mémoire.

INSTRUCTIONS SUR LE PASSAGE.

Le général de division Férino, chargé de
l'attaque de Kehl, fera marcher du Haut-Rhin
trois demi-brigades qui recevront des ordres
de route jusqu'à l'armée active, mais seront
arrêtées près de Strasbourg le jour du passage.
Outre ces trois demi-brigades, il aura deux
demi-brigades et quatre escadrons de cavalerie
légère, que le général Saint-Cyr doit faire
trouver le cinq vers Oberhausbergen; le 3ᵉ
bataillon de la 3ᵉ demi-brigade d'infanterie
légère, qui doit être le cinq à Bischheim; le
4ᵉ bataillon de la 16ᵉ demi-brigade d'infanterie
légère, qui sera le cinq à Suffelweyersheim et

la compagnie d'artillerie légère, commandée par le citoyen Foy, qui sera le cinq à Strasbourg.

Avec ces troupes le général Férino, fera faire une fausse attaque, où il emploira 200 hommes, près la batterie de Béclair. Les autres troupes passeront audessus de Kehl dans les endroits désignés dans le plan ci-joint. Le principal but de cette attaque est de s'emparer du village et du fort de Kehl; aussi, aussitôt qu'il se sera emparé de l'île indiquée 5 et 6 et de la batterie marquée (12) dans le plan, il devra marcher avec toutes les troupes, qui seront disponibles sur les derrières du village, afin de le tourner et de faire toujours face aux troupes, qui marcheront aux secours de Kehl et de tâcher de les battre dans la première rencontre, parceque cela déciderait l'évacuation de Kehl, qui, suivant les rapports, n'est pas tenable aussitôt qu'il sera abandonné à ses propres forces. Le général Férino devra en outre envoyer des troupes légères à Suntheim et sur la route de Kehl à Fribourg, afin de mettre l'épouvante dans les troupes ennemies, qui craindront d'être tournées, et afin de s'éclairer.

Aussitôt qu'il aura exécuté son passage et qu'il se sera emparé de Kehl, le général Férino placera ses troupes dans la meilleure position qu'il pourra trouver entre la Kinzig et le Rhin, et fera pousser par des corps de troupes légères, l'ennemi aussi loin qu'il sera possible ; afin de l'empêcher de se rallier et de faire croire que toute l'armée du Rhin est déjà sur l'autre rive. Les lieux du passage et de l'établissement du pont, devront être flanqués par de fortes batteries ; aussitôt qu'on se sera emparé de Kehl, on fera tous les ouvrages nécessaires pour former une tête de pont retranché. Le général Férino fera tout ce qui lui sera possible, pour établir sa jonction avec le général Beaupuis, qui doit pousser sur Kehl et Wildstett, aussitôt qu'il aura passé, mais garder toujours fortement la grande route vers Bischoffsheim ; il devra former l'avant-garde sur l'Holchenbach, lorsque le général Férino sera établi derrière la Kinzig.

Aussitôt que la jonction du général Beaupuis au général Férino sera opérée, le général Desaix prendra le commandement des deux divisions, jusqu'à ce que le reste de l'armée, étant arrivé, on fasse reprendre l'ordre de bataille.

Dans le moment qu'on fera ce passage, il sera aussi nécessaire que l'ennemi ait des inquiétudes sur les autres parties du Haut-Rhin; si, près de Rhinau et Schönau on pouvait rassembler quelques bâteaux, il faudrait faire quelques fausses attaques, et donner ordre de faire beaucoup de bruit dans les bois, qui avoisinent le Rhin; ainsi que de tirer le canon dans toutes les batteries sur les bords du Rhin, qui pourront atteindre l'ennemi, jusqu'à Huningue. Les ordres pour ces fausses attaques devront arriver seulement le soir du passage, afin qu'on ne s'y montre et qu'on ne tire que vers deux heures du matin, ou plutôt à mesure qu'on entendra tirer le canon sur les autres points.

Le passage aura lieu dans la nuit du 5 au 6; les troupes devront s'embarquer à 11 heures

du soir, afin d'arriver sur la rive ennemie à
1 heure du matin.

Le plus grand silence devra être observé
sur les préparatifs et dans l'exécution.

Le général Férino disposera pour ce passage
du général de brigade Tholmé, et des autres
officiers-généraux employés dans le Haut-Rhin,
qu'il croira pouvoir employer utilement dans
cette opération.

Après le premier débarquement à Kehl, si
un autre à Auenheim pouvait être utile, le
général Férino le ferait exécuter conformément
au projet ci-joint.

Le général Beaupuis, chargé de l'attaque
vis-à-vis Gambsheim, aura les troupes suivantes :
les 109°, 62° et 103° demi-brigades d'infanterie
de ligne, la 10° demi-brigade d'infanterie légère,
deux escadrons du 8° régiment de chasseurs,
deux escadrons du 7° régiment d'hussards et
une compagnie d'artillerie légère. Il exécutera
ce passage conformément aux plan et projets
ci-joints.

L'établissement des troupes sur l'autre rive

devra être flanqué au-dessus et au-dessous du débarquement. A mesure que les troupes débarqueront, le général Beaupuis les disposera de manière à s'emparer des villages de Driersheim et Bischoffsheim, afin de s'établir sur la grande route qui passe dans ce dernier village, de se rendre maître du pont sur l'Holchenbach, et d'empêcher par là le passage des troupes qui voudraient remonter le Rhin pour venir au secours de Kehl; il prendra pour cela la position qu'il jugera la meilleure pour soutenir les troupes sur la rive droite du Rhin et empêcher le passage des ennemis, s'ils voulaient marcher de Rastadt ou Stollhoffen sur Kehl; il répandra autant de troupes légères qu'il sera possible dans le pays, afin de donner de l'inquiétude et de jetter parmi les troupes ennemies la terreur de notre passage; il les dirigera particulièrement sur Wildstedt et Kehl, afin de favoriser l'attaque du général Férino sur ce point. Aussitôt qu'il aura pris position et assuré la défense de la route de Stollhoffen à Kehl, le général Beaupuis enverra sur ce dernier point toutes les troupes dont il pourra disposer, pour déterminer la réussite de l'attaque du général Férino, si elle ne l'est pas encore, en s'éclairant toujours du côté des montagnes.

Le général-en-chef donnera de nouvelles instructions sur la conduite qu'on devra tenir, lorsqu'on sera établi sur l'autre rive à Kehl et Driersheim, et sur la marche des troupes qui doivent suivre; mais la position de l'armée devra être considérée comme ayant le corps de bataille commandée par le général Férino, en avant de Kehl entre le Rhin et la Kinzig; l'avant-garde commandée par le général Beaupuis à Driersheim et Bischoffsheim, gardant le passage de l'Holchenbach, de plus un corps détaché par le général Férino, du côté d'Offenbourg et de la vallée de la Kinzig. Aussitôt que les divisions commandées par les généraux Beaupuis et Férino auront fait leur jonction, le général Desaix aura le commandement de toutes les troupes, jusqu'à ce que l'armée ayant passé, on reprenne l'ordre de bataille.

On fera une fausse attaque à la redoute Isaac; les troupes qui y seront destinées seront fournies par la garnison de Strasbourg.

Le général Bourcier devra aussi occuper l'ennemi par une canonade et une fausse attaque sur quelqu'île, s'il peut avoir des bâteaux, au fort Vauban, vers Seltz et au-dessous de Lauterbourg.

Le général Sainte-Suzanne et l'adjudant-général Levasseur rejoindront dans la journée du cinq, afin d'assister au passage et d'être employés sous les ordres du général Beaupuis.

Le général de brigade, chef de l'état-major général.

Signé : E. REGNIER.

Fin.